BEI GRIN MACHT SICH IHR WISSEN BEZAHLT

AF141779

- Wir veröffentlichen Ihre Hausarbeit,
  Bachelor- und Masterarbeit

- Ihr eigenes eBook und Buch -
  weltweit in allen wichtigen Shops

- Verdienen Sie an jedem Verkauf

Jetzt bei www.GRIN.com hochladen und kostenlos publizieren

Bibliografische Information der Deutschen Nationalbibliothek:

Die Deutsche Bibliothek verzeichnet diese Publikation in der Deutschen National-
bibliografie; detaillierte bibliografische Daten sind im Internet über http://dnb.d-
nb.de/ abrufbar.

Impressum:

Copyright © 2008 GRIN Verlag, Open Publishing GmbH
Druck und Bindung: Books on Demand GmbH, Norderstedt Germany
ISBN: 9783668245662

Dieses Buch bei GRIN:

http://www.grin.com/de/e-book/164105/ausserschulisches-lernen-in-der-grundschule-
gestaltung-eines-projekttages

Olga Hock

Außerschulisches Lernen in der Grundschule. Gestaltung eines Projekttages zum Thema "Vom Korn zum Brot"

GRIN Verlag

GRIN - Your knowledge has value

Der GRIN Verlag publiziert seit 1998 wissenschaftliche Arbeiten von Studenten, Hochschullehrern und anderen Akademikern als eBook und gedrucktes Buch. Die Verlagswebsite www.grin.com ist die ideale Plattform zur Veröffentlichung von Hausarbeiten, Abschlussarbeiten, wissenschaftlichen Aufsätzen, Dissertationen und Fachbüchern.

Besuchen Sie uns im Internet:

http://www.grin.com/

http://www.facebook.com/grincom

http://www.twitter.com/grin_com

1. Allgemeine Einleitung

In der Zeit vom 01.08.2008-20.10.2008 hatte ich zusammen mit einer Kommilitonin im Rahmen des Seminars „Außerschulische Lernorte im Sachunterricht: das Freilichtmuseum Mühlenhof" die Möglichkeit am Freilichtmuseum Mühlenhof mein Kernpraktikum durchzuführen. Ansprechpartnerin in dieser Zeit war für mich Frau A. Es war das erste Mal, dass ich ein Praktikum an einem außerschulischen Lernort absolvierte. Innerhalb dieser Zeit habe ich sowohl an dem normalen Museumsprogrammen teilgenommen, wie zum Beispiel „Alte Kinderspiel" am 07.09.2008, aber auch pädagogische Programme für Schulklassen vorbereitet und durchgeführt. Thema dieses pädagogischen Pragramms war „Vom Korn zum Brot". Dieses wurde am 16.09.2008 und am 17.09.2008 jeweils mit einer Klasse einer Grundschule aus Münster durchgeführt. Am 18.09.2008 kamen gleich drei Klassen gleichzeitig aus einer Grundschule in Rheine zu uns. Zuletzt wurde das Thema dann am 21.09.2008 im Rahmen eines offenen Programms für Kinder unter der Leitung von Frau D. angeboten.

2. Welche Möglichkeiten bietet das außerschulische Lernen?

Das wichtigste Argument für das Aufsuchen außerschulischer Lernorte ist die damit verbundene Lebensnähe des Unterrichts.[1] Breits die Reformpädagogen zu Beginn des 20. Jahrhunderts hatten in Abgrenzung zur „alten Schule" mit ihrer Lebensferne für einen lebensnahen Unterricht plädiert. Kinder beobachten Tiere und Pflanzen und arbeiten selber mit alten Arbeitsgeräten und lernen das Alltagsleben von vor hunderten von Jahren kennen, sie erkunden Arbeitsstätten, Siedlungsformen, historische Gebäude und Museen – und zwar an Originalorten und in Originalzusammenhängen, die (zunächst)nicht didaktisch reduziert sind. Schüler können auf diese Weise eine Vorstellung von dem gewinnen, was sie lernen.

Das Verlassen des Klassenraums bietet die Chance, auf Experten in ihrem Umfeld zu treffen. Ausgestattet mit ihren berufstypischen Insignien setzen sie sich nicht mit didaktisch inszenierten Aufgaben, sondern mit tatsächlichen Arbeitsabläufen auseinander. Kohler beschreibt dies anschaulich: „Ein Förster tut im Wald nicht so, als würde er Futterkrippen prüfen, sondern er prüft sie tatsächlich. Ein Bäcker tut nicht so, als würde er Brot aus dem Ofen holen, sondern er muss es nach einer bestimmten Zeit tatsächlich tun. Ein Bauer tut

---

[1] Vgl. Schmitt , H., Verlasst die Übungsräume, 1988, S. 55.

nicht so, als würde er seinen Kühe füttern, sondern er gibt ihnen tatsächlich ihr Futter."[2] Im Gegensatz zum schulischen Unterricht, in dem die Kinder über das Leben in Gestalt von didaktischen Materialien belehrt werden, treffen sie an außerschulischen Lernorten auf Experten, die das Leben repräsentieren.

Außerschulische Lernorte bieten die Chance, bei Kindern eine fragende Haltung gegenüber der Welt zu entwickeln. Das ist die Zielsetzung der von Roth entwickelten „Originalen Begegnung". Der Unterrichtsgegenstand soll für die Schüler „fragwürdig" werden. Sie sollen Fragen an ihn stellen und sich in ihn „verhaken", bis sich der Gegenstand dem Lernenden vollständig erschlossen hat. „In diesem methodischen Prinzip steckt der Kunstgriff, Kind und Gegenstand so aufeinander zu beziehen, dass sie einander nicht mehr loslassen, sondern ins Gespräch kommen…"[3]

Besonders lernintensiv sind außerschulische Lernorte dann, wenn auf eine bloße Führung verzichtet und Schülern die Möglichkeit gegeben wird, selbst tätig zu werden. Schüler können z.B. Experten befragen, mit alten Arbeitsgeräten das Korn zu Mehl verarbeiten, sich das Mühlengetriebe ansehen und versuchen es nachzubauen oder zu zeichnen. Zwar wird Grundschulkindern die Abstraktion für das Erkennen, Lernen und Behalten abverlangt, aber sie benötigen nach wie vor Handlungen für ihre Entwicklung.

Das Einbeziehen außerschulischer Lernorte in den Unterricht ermöglicht den Erwerb von Methodenkompetenz. Die Schüler wenden in der Vorbereitungsphase Methoden der Informationsbeschaffung und –verarbeitung an, sie arbeiten mit fachspezifischen Methoden vor Ort und die nutzen Dokumentations- und Präsentationsmethoden in der Auswertungsphase.

Außerschulische Lernorte unterstützen soziales Lernen. Das geschieht bereits dadurch, dass Frage- und Problemstellungen von den Schülern gemeinsam in Arbeitsgruppen bearbeitet werden. Das Arbeiten in Gruppen vor Ort kann Eigenschaften wie Kooperationsfähigkeiten, Toleranz, Hilfsbereitschaft, Rücksicht, Höflichkeit und Solidarität verbessern. Soziales Lernen wird besonders dann begünstigt, wenn Lernorte im Rahmen eines Schullandheimaufenthalts aufgesucht werden. Das Schullandheim stellt durch die zur

---

[2] Kohler, B., Lerngänge, 2003, S. 169
[3] Roth, H., Die „originale Begegnung" als methodisches Prinzip, 1976, S. 116.

Verfügung stehende Zeit und die veränderte Umgebung im Vergleich zum täglichen Unterricht eine besondere pädagogische Situation dar.[4]

Die Schüler entdecken am außerschulischen Lernort in der Regel weit mehr als die Lehrkraft „geplant" hat. Das über die Planung hinausgehende Lernen sollte als Chance für einen fächerübergreifenden Unterricht genutzt werden.

An außerschulischen Lernorten werden vielfache Sinneserfahrungen ermöglicht, die Schüler werden in ihrer Ganzheit, also auch in ihrer Emotionalität und Körperlichkeit angesprochen. Grass und Heilig beschrieben das Lernen mit vielen Sinnen so: „Kinder nehmen z.B. die Düfte in einer Molkerei wahr, schmecken frische Milch, streicheln ein Kalb, sie sehen einen Mäusebussard auffliegen und hören gleichzeitig seine Flügelschläge und sein Kreischen, sie nehmen das kleiner werdende Flugbild wahr."[5] Schreiber weist allerdings darauf hin, dass „nicht zu Gunsten einer noch wenig operationalisierten Ganzheitlichkeit leichtfertig auf fachspezifisch-wissenschaftliche Methoden und Ergebnisse verzichtet werden sollte."[6] Außerschulisches Lernen ist schließlich Bestandteil des Konzepts der Öffnung von Schule.[7] Dabei geht es neben der methodischen und thematischen auch um die institutionelle Öffnung.[8] Die Schüler verlassen zum einen den Klassenraum, um die natürliche, soziale und kulturelle Umwelt zu erkunden. Damit öffnet sich die Schule dem gesellschaftlichen Umfeld und den sie umgebenden Lernorten. Zum anderen wird die Schule für außerschulische Experten[9] geöffnet. „Mit Experten können Kinder aus erster Quelle lernen, erkunden, erleben, erforschen, reden, etwas herausfinden oder einer Merkwürdigen Geschichte auf den Grund gehen."[10]

3. Informationen über das Mühlenhof-Freilichtmuseum Münster

Das Mühlenhof-Freilichtmuseum Münster wurde 1959/60 gegründet und 1961 mit der Wiedererrichtung einer Bockwindmühle aus dem Emsland eröffnet. Die Idee, ein solches Freilichtmuseum bäuerlicher und handwerklicher Kultur zu schaffen, hatte der damalige münstersche Verkehrsdirektor Theo Breider (1903-1993). Er verstand es, sein Vorhaben

---

[4] Vgl. Bönsch, M., Unterrichtsmethoden – kreativ und vielfältig, 2002, S. 175.
[5] Grass, K. & Heilig, B., Außerschulische Lernorte, 1986, S. 151.
[6] Schreiber, W., Lernen an außerschulischen Lernorten, 2004, S. 6.
[7] Vgl. Drews U. & Durdel, A., Offene Schule – offener Unterricht, 1998, S. 317ff.
[8] Vgl. Benner, D., Auf dem Weg zur Öffnung von Unterricht und Schule, 1989, S. 51ff.
[9] Vgl. Bussmann, M., Zusammenarbeit mit außerschulischen Experten, 2002, S. 28ff.
[10] Hameyer, U. & Sandfuchs, U., Experten in der Schule, 2005, S. 7.

tatkräftig zu verwirklichen und dafür viele Helfer und Förderer in ganz Westfalen zu gewinnen.

Träger des Freichlichtmuseums ist bis heute der 1963 von Theo Breider ins Leben gerufene gemeinnützige Verein „De Bockwindmüel"e.v. Bürger der Stadt Münster und Westfalens setzen sich in freier Initiative für das Museum ein und tragen dazu bei, es lebendig zu erhalten und weiterzuentwickeln. Besucher werden sachkundig informiert und betreut.

An die 30 große und kleine historische Bauten wurden von ihren ursprünglichen Standorten ins Mühlenhof-Freilichtmuseum versetzt. Einige sind nach alten Vorbildern rekonstruiert. Im Inneren sind die Häuser mit historischem Sammlungsgut ausgestattet.

Die Bockwindmühle von 1748 stammt vom Hof Raming-Freesen in Oberlangen bei Lathen/Emsland. Sie war bis 1943 in Betrieb und wurde in den Jahren 1960/61 als erstes Bauwerk des Mühlenhofs wieder aufgebaut.[11]

4. Lernvoraussetzungen der Kinder zum Thema „Vom Korn zum Brot"

Brot ist ein alltägliches Lebensmittel – oft schon in Folie eingeschweißt. Über die Herkunft wissen nicht alle Kinder Bescheid.

Gerade wegen der Alltäglichkeit ist es für Kinder faszinierend, wenn sie einmal „hinter die Kulissen" blicken dürfen. Denn von „Korn" ist in der Brotwerbung oft die Rede, aber wo das Korn im weißen Toastbrot zu finden ist, ist schwer nachvollziehbar und nur wenigen Kindern klar. Aber auch hier sind die Lernvoraussetzungen im Grundschulalter außerordentlich heterogen. Einige Kinder kennen viele Zusammenhänge, haben z.B. häusliche Brotbackerfahrungen, während andere wiederum die Herkunft des Brotes auf den Supermarkt reduzieren. Deshalb ist es wichtig, differenzierte Zugangsmöglichkeiten zur Thematik zu schaffen. Gleichwohl ist es für alle Kinder wichtig, dieses Produkt mehrdimensional zu erfassen, die Arbeitsdimensionen des Herstellens sinnlich zu erfahren und durch Handeln bei der Mehlproduktion und beim Säen besser zu begreifen.

Versuche und Erkundungen sollen den Kindern die Möglichkeit geben, Antworten auf ihre Fragen zu Finden.

---

[11] Neubearbeitete und erweiterte Fassung des Faltblattes 1993 von Elke Berner, Dr. Siegfried Kessemeier, Willi Niemann, hrsg. von Mühlenhof-Freilichtmuseum Münster, De Bockwindmüel e.V.

5. Didaktische Begründungen

Das Thema „Vom Korn zum Brot" erinnert zunächst an bodenverbundene Heimatkundekonzepte. Es hat aber – unter anderem Blickwinkel – auch seinen Stellenwert im gegenwärtigen sachunterricht. Gerade in unserer „Wohlstandsgesellschaft" mit den zahlreichen ernährungsbedingten Erkrankungen ist eine bewusste und gesunde Ernährung von großer Bedeutung. Viele Kinder ernähren sich oft on zu viel Süßigkeiten und industriell gefertigter Nahrung und weniger von als gesund geltenden Nahrungsmitteln. Hier gilt es gegensteuernd auch das Interesse für naturbelassene Getreideprodukte zu erwecken, sie zu probieren und vielleicht Geschmack daran zu finden.

Schon in der Frühzeit des Menschen versorgte sich jede Familie selbst mit Mehl. Das Korn wurde zwischen Steinen zu Vollkornmehl zerrieben. Steine sind auch heute noch die Werkzeuge in Wind- und Wassermühlen. Die Kinder können mit Hilfe von großen Steinen den Mahlvorgang selbst erfahren. Sie spüren beim eigenen handeln, wie mühsam es damals gewesen sein muss, Mehl herzustellen. Außerdem wird beim eigenen Mahlen der Übergang vom Korn zum Mehl sehr anschaulich für die Kinder. Durch den handlungsorientierten Umgang mit den unterschiedlichen Getreidesorten prägen sich neu gewonnene Kenntnisse bei den Kindern gut ein. Für die Kinder ist es sehr motivierend, wenn sie die Getreidesorten später in ihrer Umwelt wiederfinden, sie dann bewusst differenzierend wahrnehmen und bestimmen können.

Die Kinder sollen aber nicht nur die Getreidesorten kennenlernen, sonder vor allem auch die alten Arbeitsgeräte, wie z.B. die Sense, den Reibstein, den Dreschflegel, die Kornwanne etc. erkunden und damit arbeiten um dann nachvollziehen zu können, wie Notwendig es war eine Mühle zu erfinden und wie diese genau funktioniert.

6. Alte Arbeitsgeräte zur Kornernte und Kornverarbeitung

6.1.Geräte zum Mähen des Getreides

Alle hierzu verwendeten Werkzeuge sind Schneidewerkzeuge, die in ihrer Entwicklung vom Messer und von der Schere abzuleiten sind. Entscheidend für ihre Funktionsfähigkeit sind die verwendeten Materialien und die Form des Schliffes.[12]

6.1.1. Die Sichel

Das älteste Gerät zur Getreideernte ist wohl die Sichel, die wir mit glatter und gezähnter Schnittfläche kennen. Bereits in der Jungsteinzeit fertigte man Sicheln aus einem geraden oder gebogenen Holz- oder Knochengriff an, der in seinem Vorderteil Feuersteinklingen hielt. Um 1500 v. Chr., nachdem man die Technik des Bronzegusses beherrschte, entstanden die ersten gegossenen Bronzesicheln mit hölzernem Griff. Mehr als 1000 Jahre später konnte man Eisenerz schmelzen und Sicheln sowie Sensen schmieden.[13]

6.1.2. Die Sense

In der Latèzeit entwickelte sich durch die Verlängerung des Griffes aus der Sichel die Sense, die jene im 19. Jahrhundert fast ganz verdrängte.[14] Die Sense hat eine ca. 60 - 80 cm lange, hinten breite und sich nach vorne zu einer Spitze verjüngende, gebogene Klinge aus geschmiedetem Stahl, das so genannte Sensenblatt. Das Sensenblatt lässt sich unterteilen in den Dengel (ein ca. 5 mm breiter Teil des Schneidblattes mit der Schneidkante), davon abgewandt den Rücken und die Hamme, der Ansatz, mit dem es mit dem Stiel verbunden ist.

Zum Führen der Sense wird ein eigens für sie konstruierter etwa mannshoher Holz- oder Metallstiel verwendet („Worb", „Wurf", „Sensenbaum", „Sensenstiel" oder „Sensengriff"), der unten an die Metallklinge angeschraubt ist. Eine ältere Befestigungsart nutzt einen Metallring und einen Holzkeil. Der Sensenbaum wird mit zwei Griffen versehen, je nach Region mit sehr verschiedenen Techniken.[15]

---

[12] Grahl, Heidemarie, Geräte und Maschinen zum Ernten und Mahlen des Getreides, Museumspädagogosche Materialien1 des Freilichtmuseums am Kiekeberg, 1988, S. 3.

[13] Vom Korn zum Brot, Veröffentlichungen des Landesmuseums Koblenz, Staatliche Sammlung technischer Kulturdenkmäler, hrsg. von Ulrich Löber

[14] Grahl, Heidemarie, Geräte und Maschinen zum Ernten und Mahlen des Getreides, Museumspädagogosche Materialien1 des Freilichtmuseums am Kiekeberg, 1988, S. 3.

[15] Lehnert, Bernhard, Naturerlebnis - Mähen mit der Sense, 2000, S. 14

6.2. Das Dreschen und Reinigen

Unter Dreschen wird das Lösen der Körner aus der Halmfrucht verstanden. Reinigen bezeichnet die Trennung der ausgedroschenen Körner von Stroh und Kaff.[16]

6.2.1. Dreschflegel

Früher begann der Bauer mit dem Dreschen und Reinigen des Korns im Winter, wenn keine anderen Arbeiten auf dem Hof und dem Acker zu verrichten waren. Er holte die noch gebundenen Garben vom Scheunenboden herunter und breitete sie in zwei Reihen, jeweils mit den Ähren zur Mitte gekehrt, auf der Diele aus. Die Knechte bewegten sich langsam im Kreis und schlugen dabei im Takt mit den Dreschflegeln auf die Garben. Dabei lösten sich die Körner aus den Hülsen und fielen auf den Dielenboden.

Ein Dreschflegel besteht aus einem Stock zur Handhabung des Gerätes und einem wesentlich härteren viereckigen oder runden Knüppel (Flegel), der mit einer drehbaren Holzkappe am Stock und einer Lederkappe am Flegel mit diesem verbunden ist.[17]

6.2.2. Die Kornwanne

An den Dreschvorgang schloss sich die Reinigung des Korns an; d.h. die Trennung des schweren vom leichten Korn und die Trennung der Spreu vom Korn.

Der ursprüngliche Vorgang war folgender: mit einer Kornwanne warfen die Knechte auf der Diele das Korn rückwärts auf ausgebreitete Laken. Dabei fiel das schwerste Korn am weitesten, und es sonderte sich bereits durch den Luftzug im Raum ein Teil der Spreu vom Korn ab. Das leichtere, sognannte Spitzkorn, wurde vom schwereren getrennt und später wieder als Saatgut verwendet. [18]

6.3. Das Mahlen des Getreides

Mahlen bezeichnet die Zerkleinerung des Getreidekorns je nach Feinheitsgrad zu Schrot oder Mehl.

---

[16] Grahl, Heidemarie, Geräte und Maschinen zum Ernten und Mahlen des Getreides, Museumspädagogosche Materialien1 des Freilichtmuseums am Kiekeberg, 1988, S. 10.
[17] Vom Korn zum Brot, Veröffentlichungen des Landesmuseums Koblenz, Staatliche Sammlung technischer Kulturdenkmäler, hrsg. von Ulrich Löber
[18] Vom Korn zum Brot, Veröffentlichungen des Landesmuseums Koblenz, Staatliche Sammlung technischer Kulturdenkmäler, hrsg. von Ulrich Löber

Die zum Mahlen verwendeten Geräte beruhen auf einer mechanischen Einwirkung auf das Getreidekorn durch um laufende Steine oder durch aufeinander abrollende Walzen.

6.3.1. Querne und Senfmühle

Das älteste bekannte Werkzeug zum Mahlen des Getreides besteht aus einem flachen, leicht ausgehöhlten Mahlstein und einem Fauststein. Etwa seit der Zeitwende wurden Handmühlen (Querne), bestehend aus zwei runden Mahlsteinen, benutzt. Die Mahlsteine wurden aus Granit gefertigt, wobei die aufeinander gleitenden Flächen sorgfältig geschliffen waren. Beide Mahlsteine waren zentrisch durch einen Stock verbunden, wobei der untere fest, der obere Läuferstein beweglich war.

In der weiteren Entwicklung wird der Bodenstein der Querne zu einem topfartigen Gefäß, indem sich der Läuferstein dreht. Diese Form der Mühle hat sich bis in das 19. Jahrhundert als sogenannte Senfmühle erhalten.[19]

6.3.2. Der Mörser

Neben den Handmühlen hat sich schon früh der Mörser zum Schälen und Zerstoßen von Körnerfrüchten wie zum Beispiel von Hirse entwickelt. Der Mörser ist heute noch bei Völkern in Gebrauch, die noch keinen Anschluss an das technische Zeitalter gefunden haben.[20]

6.3.3. Die Erfindung des Zahnrad-Winkelgetriebes

Eine der ganz großen Erfindungen ist das noch aus der Antike stammende Zahnrad-Winkelgetriebe. Diese Idee bildet heute die Grundlage modernster Maschinengetriebe.

Mit dem Zahnrad-Winkelgetriebe konnten nun die Kräfte der ziehende Tiere oder des Windes in Drehbewegungen umgesetzt, der Richtung nach umgelenkt und für die Mahlsteine der Drehmühlen in eine schnellere Umdrehungszahl übersetzt werden.[21]

---

[19] Grahl, Heidemarie, Geräte und Maschinen zum Ernten und Mahlen des Getreides, Museumspädagogische Materialien1 des Freilichtmuseums am Kiekeberg, 1988, S. 10.

[20] Schwarz, Alois u. Bernhard Fritsche, Alte Mühlen im Münsterland, Seine Wind und Wassermühlen in Bildern und Beschreibungen, 1991, S. 6.

[21] Schwarz, Alois u. Bernhard Fritsche, Alte Mühlen im Münsterland, Seine Wind und Wassermühlen in Bildern und Beschreibungen, 1991, S. 8f.

6.3.4. Die Grützmühle

Eine Weiterentwicklung der primitiven Senfmühle ist die Grützmühle, bei der dir Mahlsteine in ein Holzgestell eingebaut sind, und das zu mahlende Getreide über einen Trichter zugeführt wird. Der Antrieb erfolgt meist manuell über eine Handkurbel oder über eine Pleustange, die an einer gekröpften Welle ansetzt. Technisch bemerkenswert ist an dieser Mühle die Möglichkeit, den Abstand der Mahlsteine zu variieren, um dadurch größeres oder feineres Mahlgut zu erhalten.[22]

6.3.5. Die Bockwindmühle

Ihren Namen hat die Bockwindmühle von der kräftigen Tragekonstruktion, dem „Bock", auch Stander genannt, der das drehbar gelagerte Mühlengehäuse (den Kasten) samt den Mühlenflügeln, den Mahlgängen und den Getriebeteilen trägt.[23]

Bereits im 10. Jahrhundert waren im Mittelmeerraum Turmwindmühlen mit vertikal gestelltem Flügelkreuz bekannt, die aber nur für eine Windrichtung gebaut waren. Lange bevor Leonardo da Vinci um 1500 Turmwindmühlen mit drehbarer Dachhaube für alle Windrichtungen konstruiert hatte, war im nördlichen Europa in der zweiten Hälfte des 12. Jahrhunderts die sogenannte Bock- oder Kastenwindmühle erfunden, bei der das ganze hölzerne Mühlenhaus (Kasten) auf einem besonderen Gestell (Bock) aufgehängt war und mit einem Balken, der aus der Mühle herausragte, in den Wind gedreht werden konnte.

Bei der Bockwindmühle und späteren Turmwindmühle mit drehbarer Dachhaube wird die Drehbewegung der Flügelwelle über ein großes Kammrad und ein kleines laternenförmiges Stockgetriebe von oben auf den Läuferstein übertragen. Die Mühlsteine hatten einen Durchmesser von 90-110cm. Durch das große Kammrad konnte durch Zahnradübersetzung auch der Sackaufzug in Bewegung gesetzt werden, der schon bei den ältesten Mühlenaufstellungen sichtbar ist.[24]

---

[22] Grahl, Heidemarie, Geräte und Maschinen zum Ernten und Mahlen des Getreides, Museumspädagogosche Materialien1 des Freilichtmuseums am Kiekeberg, 1988, S. 23.

[23] Schwarz, Alois u. Bernhard Fritsche, Alte Mühlen im Münsterland, Seine Wind und Wassermühlen in Bildern und Beschreibungen, 1991, S. 25.

[24] Vom Korn zum Brot, Veröffentlichungen des Landesmuseums Koblenz, Staatliche Sammlung technischer Kulturdenkmäler, hrsg. von Ulrich Löber

7. Ausführliche Beschreibung eines Projekttages mit einer 3. Klassen am Mühlenhof

Am 16.09.2008 und am 17.09.2008. kam jeweils eine dritte Klasse einer Grundschule zu uns. Wir haben an beide Tagen ein Programm zum Thema „Vom Korn zum Brot" durchgeführt und diese gleich gestaltet, wobei uns der erste Tag geholfen hat, das Programm am zweiten Tag zu verbessern.

Vorinformationen für unsere Planung hatten wir bereits von Frau B. erhalten. Diese legte besonderen Wert darauf, dass die Kinder die alten Arbeitsgeräte kennenlernen und auch selbst erproben. Der technische Aspekt einer Mühle und speziell des Winkelgetriebes sollte eher im Hintergrund stehen.

7.1. Ablaufplan

Zeit	Thema/Ort	Durchführung	Material
9:00	**Begrüßung** Vorplatz Zichorienmühle	Kinder begrüßen, Vorstellen der Betreuer, Vorstellen des Mühlenhofs, Verhaltensregeln Praktisches: Sachen deponieren, Toiletten zeigen, Treffpunkte ausmachen Programm für den Aufenthalt: Wie sah der Weg von Korn zum Brot aus und wie wurde gearbeitet, als es all die modernen Maschinen noch nicht gab?	
9:10	**Museumserkundung** Hof	Aufteilen der Kinder in Kleingruppen Aufgabe: Sucht vier Gegenstände/Häuser, die mit der Kornverarbeitung zu tun haben? Ergebnisse werden anschließend mündlich gesammelt und besprochen	Gruppen-Schilder, Stifte
9:20	**Erntelagerung** Gräftenhof-Deele	- Erzählen, wie das Korn vom Feld mit dem Erntewagen eingefahren wurde - Verstauen der Ernte auf dem Dachboden (Luke mit Taschenlampe entdecken) - Deele als Ort für die Lagerung von Geräten (Sense) und der Winterarbeit: Dreschen/Kornreinigen (Flegel und Wanne werden gezeigt) - Über Arbeitsbedingungen beim Dreschen berichten	Erntefotos Taschenlampe Alte Stalllampe Dreschflegel Kornwanne
9:30	**Dreschen/Reinigen des Getreides** Partyzelt neben Gräftenhof	Kinder durch Vorführen den sicheren Umgang mit einem Dreschflegel zeigen Einzelne Kinder dürfen mit dem Dreschlegel selbst auf einen ausgestopften Sack schlagen Vorführen der Kornwanne und gemeinsam herausfinden, wie sie gehandhabt wurde	Korngarben Laken Klöppel Kleine Wannen Siebe Sammelgefäße

			für saubere Körner Strohbindeband
		Neue Aufgabe formulieren: Kinder sollen selber in ihren Gruppen Getreide dreschen und reinigen Ziel: saubere Körner	
		- Korngarben verteilen - Mit den Kindern gemeinsam auf den Laken ausbreiten - Evtl. den Kindern beim dreschen helfen - Ausgedroschene Körner einsammeln und mit den Wannen oder Sieben durch das Pusten reinigen - Aufräumen, Stroh bündeln: Wofür konnte das Stroh noch verwendet werden? (z.b. Dach, Bienenkörbe, Strohbett, Vieh) - Wohin kam das gedroschene Korn? (Speicher)	
10:20	**Mechanisierung** Mäusepfeilerscheune	Dreschmaschine und Wannemühle zeigen Bezug zu heutigen Maschinen herstellen	
10:30	**Kornmahlen** Zichorienmühle	Welche Möglichkeiten gibt es Körner zu Mehl zu verarbeiten? Kinder probieren in ihren Gruppen verschiedene Geräte aus um ihr eigenes Korn zu mahlen Erkenntnisziel: mit dem Nudelholz, dem Fauststein und dem Mörser geht es schwer, deshalb hat man die Technik immer weiterentwickelt, mit der Müslimühle ist es leichter und es geht schneller, dennoch ist sie nicht für große Produktionsmengen geeignet	Backgetreide 3xReibsteine 2xFauststeine 1xNudelholz 1xMörser 2xMüslimühle Tüten für das Mehl
11:00	**Mühlentechnik** Bockwindmühle/ Rosswindmühle	Wo ließen die Bauern ihr Korn zu Mehl verarbeiten? Welche Energien standen früher zur Verfügung? Wie wurden sie nutzbar gemacht?	
11:15	**Präkonzepte** Bänke vor der Bockwindmühle	Kinder erhalten die Aufgabe, eine Mühle von Innen zu zeichnen	Blätter mit einer leeren Bockwindmühle Stifte
11:25	**Funktionsweise Mühle** Sonderausstellung WK	Den Kindern wird die Bockwindmühle vorgeführt und das Zahnradgetriebe gemeinsam erklärt	
11:40	**Postkonzepte** Bänke vor der Bockwindmühle	Kinder zeichnen erneut das Mühlengetriebe auf ihr Blatt	Blätter mit einer leeren Bockwindmühle Stifte
11:50	**Verabschiedung**	Schlussreflexion Was hat euch gefallen? Was habt ihr gelernt? Sachen einsammeln, Kinder verabschieden	

7.2. Persönliche Gesamtreflexion

Dies war unser geplanter Ablaufplan, doch wie es so häufig vorkommt, haben wir es nicht ganz geschafft ihn einzuhalten. So haben wir z.b. aufgrund von Zeitmangel bereits am ersten Tag während der Durchführung entschieden die Mechanisierung an der Mäusepfeilerscheune auszulassen. Dennoch haben wir es am ersten Tag nicht geschafft die Kinder die Mühle von Innen zeichnen zu lassen. Haben allerdings der Klassenlehrerin die Arbeitsblätter mitgegeben. Am zweiten Tag sind wir dann nicht mehr mit den Kindern in den Gräftenhof reingegangen, sondern haben ihnen nur kurz etwas zu Getreideernte erzählt und ihnen direkt die Geräte vorgestellt, um somit Zeit für das Zeichnen des Mühlengetriebes zu haben. Dennoch haben wir es auch hier nicht geschafft die Kinder ein zweites Mal zeichnen zu lassen. Die Postkonzepte wurden dann in der Schule festgehalten.

Bei meiner Reflexion möchte ich die Ereignisse beider tage zusammenfassend betrachten.

Bei der Begrüßung wussten alle Kinder was der Mühlenhof ist und auch was es hier zu sehen gibt. Viele sind schon mit ihren Eltern dort gewesen und wurden auch im Unterricht durch die Klassenlehrerin auf das Thema eingestimmt.

Die Museumserkundung lief reibungslos ab. Die Kinder hatten die Aufgabenstellung auf Anhieb verstanden und viele Gegenstände und Häuser gefunden, die mit der Kornverarbeitung zu haben. Bei der mündlichen Besprechung der Erkundung konnten die Kinder z.B. auch eine Reihenfolge der Gebäude aufstellen, die mit der Kornverarbeitung zu haben. So sagte ein Mädchen, dass die Getreidegarben erst im Gräftenhof auf dem Dachboden gelagert werden, anschließend werden die Körner im Speicher deponiert, bis sie dann in der Bockwindmühle zu Mehl verarbeitet werden, um anschließend im Backhaus Brot zu backen. Die Klassenlehrerin hatte die Schüler also bereits gut auf das Thema vorbereitet.

Im Gräftenhof wurde dann das Licht extra ausgelassen um den Kindern die damalige Atmosphäre deutlich zu machen. Auch hier haben alle ruhig und aufmerksam zugehört. Zunächst wurde über die Lebensbedingungen und die Ernte erzählt. Die Sense und der Sichel wurden gezeigt und besprochen. Dann hat man gemeinsam die Luke in der decke entdeckt und herausgefunden, wo das Korn gelagert wurde. Als dann der Dreschflegel gezeigt wurde haben die Schüler diesen sofort als ein solchen identifiziert, konnten ihn benennen und wussten wozu und wie er verwendet wurde. Schwierigkeiten gab es bei der, ihnen bisher unbekannten, Kornwanne. Viele Kinder dachten hier an ein Siebprinzip.

Als es dann wieder gemeinsam nach Draußen ging und die Kinder erfuhren, dass sie gleich selbst Dreschen und Reinigen dürfen, würde es etwas unruhiger und es war schwierig ihre Aufmerksamkeit zu gewinnen. Zunächst hat Herr C. den Kinder das Dreschen mit einem Dreschflegel vorgeführt und sich einen starken Jungen ausgesucht, um mit diesem gemeinsam im Takt „en, twe, en, twe, ..." zu dreschen. Anschließend wurde mit den Kindern gemeinsam das Prinzip einer Kornwanne erläutert und vorgeführt.

Dann dürften die Kinder endlich selber dreschen. Es hat ihnen großen Spaß gemacht und sie haben sehr gut in den jeweiligen Gruppen zusammengearbeitet. Das Korn wurde direkt als Weizenkorn identifiziert. Allerdings sagte ihnen der Begriff „Spreu" nichts und es musste erstmal erklärt werden warum, man die Spreu vom Weizen trennen muss. Die Pustetechnik als Windersatz hatten die Kinder sofort raus. Nachdem die Schüler das Korn gereinigt und das saubere Korn eingesammelt haben, wurde auch das Stroh zusammengebunden. Auch wussten die Kinder hier bereits, dass früher nichts weggeschmissen wurde und dass das Stroh z.B. für Bienenkörbe oder als Tierfutter verwendet. Diese wurden im Anschluss auch direkt auf dem Bachboden der Wagenremise entdeckt.

Beim Mahlen hatten die Kinder vier verschiedene Geräte, die sie ausprobieren konnten. Zum einen das Nudelholz (Korn wird auf Reibstein gelegt und es wird versucht dieses mit Hilfe des Nudelholzes klein zu kriegen), den Mörser, den Fauststein oder die Müslimühle. Auch hier haben die Kinder die Möglichkeit gehabt alte Arbeitsgeräte selbst auszuprobieren um zu Erfahren, welche Arbeit es damals für die Menschen war Mehl herzustellen. Als im Anschluss das Mehl der einzelnen Stationen gesammelte wurde, wurde den Kinder deutlich, dass z.B. beim Mörser oder beim Nudelholz gar kein richtiges Mehl produziert wurde, sondern, dass hier immer noch mehr ganze Körner vorhanden sind. Die Kinder haben selbstständig entdeckt, dass es mit den beiden Mahlsteinen in der Müslimühle am einfachsten und schnellsten war. Da wir zwei Müslimühlen zur Verfügung hatten, haben wir diese unterschiedlich eingestellt, d.h. die Mahlsteine hatten einen unterschiedlichen Abstand voneinander. Auch das ist von den Kindern nicht unbemerkt geblieben und sie konnten eigenständig zu dem Schluss kommen, dass man Mehl unterschiedlich fein mahlen kann. Auch haben die Kinder festgestellt, dass es immer einen festen Stein gibt und, dass sich immer ein Stein bewegt. Alle Kinder haben dies mit großer Aufmerksamkeit bei der Müslimühle beobachtet.

Der Übergang zu der Bockwindmühle bzw. Rosswindmühle war an dieser Stelle nicht schwer, da wir gemeinsam auf die These gestoßen sind, dass man durch diese Geräte unmöglich die Menschen mit Mehl versorgen konnte. Die Kinder haben also begriffen, wie Notwendig es war, etwas Neues zu erfinden, mit dem man mehr Mehl mahlen konnte. Außerdem sollte es körperlich nicht so anstrengend sein. Welche Energien konnte man früher also verwenden? Auch kamen die Kinder sofort selbstständig auf die Tier- und Windkraft. Auch wurde die Wasserkraft erwähnt, die von uns aber wegen Zeitmangel außer Acht gelassen wurde.

Nachdem wir uns gemeinsam die Bockwindmühle und Rossmühle angeschaut haben, hat sich die Frage ergeben, was eigentlich im Inneren einer solchen Mühle passiert. Die Kinder haben die Aufgabe bekommen diese zu zeichnen. Viele konnten es sich überhaupt nicht vorstellen. Die Mahlsteine waren zwar auf fast jeder Zeichnung vorhanden, allerdings habe ich nur auf zwei Zeichnungen ein Winkelgetriebe gesehen. Den Kindern ist eine solche Vorstellung auf jeden Fall sehr schwer gefallen.

Umso aufmerksamer waren sie dann in der Mühlenausstellung, als es dann sozusagen um die Auflösung ihrer Zeichnung ging. Alle haben gespannt auf das Getriebe geguckt als die Bockwindmühle angemacht wurde. Auch haben wir die Kinder ihren Händen Zahnradgetriebe veranschaulichen lassen.

Zum anschließenden Zeichnen der Postkonzepte blieb leider keine Zeit. Frau B. hatte aber gesagt, dass sie das in der Schule auf jeden Fall noch machen wird. Leider liegen mir die Ergebnisse allerdings nicht zur Auswertung vor. Denn werde ich versuchen Frau Holz-Stuft erneut zu kontaktieren, um diese noch zu erhalten.

Bei der Verabschiedung haben die Kinder nur kurz zusammengefasst, was ihnen gefallen hat. Die meisten fanden das Dreschen und das Mahlen gut, aber es wurde auch erstaunlich oft die Mühlenausstellung genannt. Hier kann man auch sehen, dass bei den Kindern großes Interesse bestand herauszufinden, wie so eine große Mühle denn von Innen aussieht und wie diese wohl funktioniert.

Generell kann man noch sagen, dass das Mühlenhof-Freilichtmuseum den Kindern dabei hilft Erfahrungsräume zurückzugewinnen. Viele Kinder haben kaum Primärerfahrungen mit der Natur. Durch diesen Tag am Mühlenhof haben erfahren, was das Korn eigentlich mit dem Brot zu tun hat und wie dieses hergestellt wird. Durch den Umweltbezug hilft es ihnen die Inhalte aus der Schule mit den Situationen im realen Leben zu verbinden. So hat man richtig gespürt, wie stolz die Kinder waren, dass sie den Weizen oder den Dreschflegel direkt erkannt haben. Zuletzt bietet ein solcher natürlich auch immer die Möglichkeit des entdeckenden Lernens. Die Kinder haben nicht an einer, für sie langweiligen, Führung teilgenommen, sondern konnten das Gelände selbst erforschen und mit den Arbeitsgeräten aktiv arbeiten.

Generell möchte ich noch sagen, dass ich es sehr schön fand ein Praktikum außerhalb der Schule durchgeführt zu haben, um auch mal die andere Seite kennenzulernen. Es ist eine ganz andere Situation, wenn man die Klasse nicht kennt und auch nicht weiß, welche Vorerfahrungen die Kinder bereits zum Thema haben und welche nicht. Man muss in vielen Situationen spontan reagieren und umschalten können. Aber genau das macht die Arbeit auch so aufregend.

8. Literaturverzeichnis

Benner, D.: Auf dem Weg zu Öffnung von Unterricht und Schule. Theoretische Grundlagen zur Weiterentwicklung der Schulpädagogik. In: Die Grundschulzeitschrift, 1989, Heft 27, S. 46-55

Bönsch, M.: Unterrichtsmethoden – kreativ und vielfältig. Baltmannsweiler 2002

Bussmann, M.: Zusammenarbeit mit außerschulischen Experten. Expertengespräche öffnen die Schule und verändern die Rollen von Lehrern und Schülern. In: Pädagogik, 2002, Heft 11, S. 28-30

Drews, U./Durdel, A.: Offene Schule – offener Unterricht. In: Haarmann, D. (Hrsg.): Wörterbuch Neue Schule. Weinheim/Basel 1998, S. 119-123

Grahl, H.: Geräte und Maschinen zum Ernten und Mahlen des Getreides, Museumspädagogosche Materialien1 des Freilichtmuseums am Kiekeberg, 1988

Grass, K./Heilig, B.: Außerschulische Lernorte: Schüler und Lehrer verlassen die Schule (nicht). In: Lehrer Journal, 1986, Heft 4, S. 150-152

Hameyer, U./Sandfuchs, U.: Experten in der Schule. In: Grundschule, 2005, Heft 11, S. 6-8

Kohler, B.: Lerngänge. In: Reeken, D. v. (Hrsh.): Handbuch Methoden im Sachunterricht. Baltmannsweiler 2003, S. 167-175

Lehnert, Bernhard, Naturerlebnis - Mähen mit der Sense, 2000

Neubearbeitete und erweiterte Fassung des Faltblattes 1993 von Elke Berner, Dr. Siegfried Kessemeier, Willi Niemann, hrsg. von Mühlenhof-Freilichtmuseum Münster, De Bockwindmüel e.V.

Roth, H.: Die „originale Begegnung" als methodisches Prinzip. In: Ders.: Pädagogische Psychologie des Lehrens und Lernens. 15. Aufl. Hannover u.a. 1976, S. 109-117

Schmitt, H.: „Verlasst die Übungsräume". In: Pädagogische Welt, 1988, Heft 2, S. 55-59

Schreiber, W.: Lernen an außerschulischen Lernorten. In: Lernchancen, 2004, Heft 40, S. 6-11

Schwarz, Alois u. Bernhard Fritsche, Alte Mühlen im Münsterland, Seine Wind und Wassermühlen in Bildern und Beschreibungen, 1991

Vom Korn zum Brot, Veröffentlichungen des Landesmuseums Koblenz, Staatliche Sammlung technischer Kulturdenkmäler, hrsg. von Ulrich Löber